SOLFÉGE

OU

MÉTHODE DE MUSIQUE

DE RODOLPHE

NOUVELLE ÉDITION

Revue, corrigée et dans laquelle les Leçons trop hautes ont été baissées

PAR

M. Panseron

Professeur de Chant au Conservatoire de Musique;

Approuvée par M. le Directeur de cet Établissement.

SECOND TIRAGE.

PARIS

Librairie Musicale de E. Duverger, rue Rameau, n° 6.

PAR LES PROCÉDÉS ET PAR LES PRESSES MÉCANIQUES DE E. DUVERGER.

1837

TRAITÉ
DE LA CLARINETTE
A QUATORZE CLEFS

MANUEL INDISPENSABLE AUX PERSONNES QUI PROFESSENT
CET INSTRUMENT ET A CELLES QUI L'ÉTUDIENT.

Dédié à ses Élèves

Par FRÉDÉRIC BERR,

Chevalier de la Légion-d'Honneur, Professeur au Conservatoire, Première Clarinette de la
Musique particulière du Roi et du Théâtre Italien, Chef de musique de la 5° Légion.

Un vol. in-4°. Prix, broché : 6 fr.

NOUVEAUX TABLEAUX
DE LECTURE MUSICALE
ET DE CHANT ÉLÉMENTAIRE,
Par B. Wilhem,

Chevalier de la Légion-d'Honneur, Directeur-Inspecteur général de l'enseignement du chant dans les écoles
primaires de la ville de Paris; Professeur selon sa méthode, au collège royal de Henri IV,
et l'École royale polytechnique, etc.

OUVRAGE APPROUVÉ ET RECOMMANDÉ

Par le Conseil royal d'Instruction publique;
Envoyé à toutes les écoles normales primaires; Adopté par la Société pour l'Instruct. élément.

1er Cours : Enseignement élémentaire complet.

En 50 feuilles avec le Guide de la Méthode et son Complément. Pr. 18 f.

Le même, les 50 feuilles collées sur carton : 12 f. 50 c. en sus.

On vend séparément les Tableaux : *Indicateur vocal et Copies de notes à mesurer :*

Prix de chacun : en feuille, 40 c. ; collé sur carton, 45 c.

2° Cours : Enseignement complémentaire et de perfectionnement.

En 45 feuilles. Prix : 6 fr.

Le même, les 45 feuilles collées sur carton : 9 fr. 50 c. en sus.

---

* LA MUSIQUE
MISE A LA PORTÉE DE TOUT LE MONDE,
PAR M. FÉTIS.

2° Édition. Un vol. grand in-18 de 440 pages.

Prix : broché, 4 fr. 50; le cartonnage à l'anglaise, 50 c. en sus.

ABÉCÉDAIRE MUSICAL,

PRINCIPES ÉLÉMENTAIRES A L'USAGE DES JEUNES ÉLÈVES,
PAR L. AIMON, 2° édition. — Un vol. in-12. Prix : 1 fr. 25 c.

---

* HISTOIRE DE LA MUSIQUE
PAR M. STAFFORD,

TRADUITE DE L'ANGLAIS PAR MME FÉTIS, AVEC NOTES, CORRECTIONS ET ADDITIONS
PAR M. FÉTIS.

Un vol. in-12. Prix : 4 fr.

---

* LA JEUNE MAITRESSE
DE MUSIQUE,
PAR L'AUTEUR
DES *LETTRES A CLÉMENCE*.

Un joli vol. in-8°. — Prix : 5 fr.

---

* LETTRES A CLÉMENCE SUR LA MUSIQUE
PAR MME E. L...

2° édition, revue et augmentée. — Un joli vol. in-18. Prix : 2 fr. 25 c.

TRAITÉ ÉLÉMENTAIRE DE MUSIQUE,
Par L. Quicherat, Agrégé des l'Université,

Un vol. in-12. Prix : 2 fr.

TABLEAUX DE MUSIQUE
OU
EXERCICES GRADUÉS
POUR SERVIR D'INTRODUCTION A L'ÉTUDE DES INSTRUMENTS ET DU SOLFÉGE
Et adaptés aux différentes Méthodes d'enseignement,
Par L. QUICHERAT,

Agrégé des classes supérieures des lettres en l'Académie de Paris.
OUVRAGE APPROUVÉ PAR M. LE DIRECTEUR DU CONSERVATOIRE.

50 Tableaux et le Manuel de la Méthode. Prix : 7 fr. 50.

Les mêmes, collés sur carton : 6 fr. 50 cent. en sus.

---

* L'ART D'ACCORDER SOI-MÊME SON PIANO
DÉDUIT DES PRINCIPES EXACTS
DE L'ACOUSTIQUE ET DE L'HARMONIE,

ouvrage utile à toutes les personnes qui s'occupent de musique, et particulièrement
à celles qui passent une partie de la belle saison à la campagne,

Par C. Montal,

Ancien Répétiteur à l'Institution des Jeunes Aveugles, fondateur du Cours d'accord
et accordeur des Professeurs les plus célèbres du Conservatoire.

Un vol. in-8°, orné de planches. Prix : 7 fr.; papier vélin, 8 fr. 50. c.

CHANTS CHRÉTIENS.

Noms des Compositeurs de la musique des cantiques :
BEETHOVEN, GUILLAUME FRANC, GOUDIMEL, HÆNDEL, HAYDN, HUMMEL, LUTHER,
MOZART, VIOTTI, ETC.; ETC.

Un vol. grand in-12, contenant 100 cantiques avec la musique imprimée et 100 autres
cantiques sur les mêmes airs.

Nouvelle édition, Prix : 5 fr.

CHANTS POUR LES SALLES D'ASILE.

Un vol. in-8°. Prix : 1 fr. 50 c.

GRAMMAIRE MUSICALE
OU MÉTHODE ANALYTIQUE ET RAISONNÉE POUR APPRENDRE ET ENSEIGNER
LA LECTURE DE LA MUSIQUE, ETC.
PAR F.-J. AUBÉRY DU BOULLEY.

2° Édition. — Un vol. grand in-8°. Prix : 5 fr.

MANUEL SIMPLIFIÉ DE L'ACCORDEUR
OU L'ART D'ACCORDER LE PIANO MIS A LA PORTÉE DE TOUT LE MONDE,
PAR M. GIORGIO DI ROMA.

Un vol. in-18, avec planches. Prix : 1 fr. 25 c.

MUSIQUE DES CHANSONS DE BÉRANGER.

Un vol. in-8°, orné d'une vignette dessinée par Raffet et gravée par Lacoste.
Prix : 5 fr. 50, et papier vélin : 11 fr. — Il est accordé un septième exemplaire gratis.

ORPHÉON,

Répertoire de musique vocale, sans accompagnement, à l'usage des jeunes élèves et des
adultes; composé de pièces inédites et de morceaux choisis, à voix
seule ou à plusieurs parties.

PUBLIÉ PAR B. WILHEM.

Il se publie par mois 12 cahiers, qui réunis forment un vol. in-8° de 300 pages de musique.
— Prix d'un abonnement annuel pour Paris, 6 fr.
— Pour les départements, 7 fr.

Deux années sont complètes et se vendent au même prix que l'année courante.

RECUEIL DE MOTETS EN PLAIN CHANT
A UNE OU A PLUSIEURS VOIX,
Tirés des meilleurs auteurs, revus et mis en ordre
PAR J. ADRIEN DE LA FAGE.

Prix broché, 4 fr.

STÉNOGRAPHIE MUSICALE
OU ART DE SUIVRE L'EXÉCUTION MUSICALE EN ÉCRIVANT,
Par Hippolyte Prévost,

MEMBRE DE L'ATHÉNÉE DES ARTS DE PARIS, RÉDACTEUR-STÉNOGRAPHE DU MONITEUR.

In-8°. Prix : 2 fr. 50.

---

* Les articles marqués d'un astérisque sont, par leur nature et leur format, propres à être donnés en étrennes et en prix.

AVERTISSEMENT DU NOUVEL ÉDITEUR.

Quoiqu'il existe plusieurs Méthodes de musique, le Solfége de Rodolphe est resté le livre élémentaire de l'instruction musicale en France. Il doit cette préférence à la simplicité de son plan et de sa rédaction, à la grâce de ses mélodies, peut-être aussi aux habitudes de MM. les Professeurs.

Le nouvel éditeur, inventeur de procédés qui lui permettent de réduire le prix des ouvrages destinés à l'enseignement de la musique, devait naturellement jeter les yeux sur ce Solfége; mais, ne voulant rien négliger pour procurer au public des avantages de tout genre, il a recherché si cette Méthode n'avait pas besoin d'être modifiée, et il s'est adressé à un professeur dont le nom seul garantissait des améliorations, si des changements étaient jugés nécessaires.

Depuis longtemps on se plaint, et avec raison, que le Solfége de Rodolphe soit noté trop haut; il fatigue les voix, et peut même leur porter un très grand préjudice. Pour solfier les notes *fa, sol, la, si,* qu'il présente fréquemment, elles ont besoin de faire des efforts qui, après six mois, peuvent leur avoir causé un tort irréparable. On peut attribuer le manque de voix qui se fait remarquer à la mauvaise direction des premières études vocales. Pour soulager et ménager l'organe, quelques professeurs prennent le parti de baisser le diapason, sans changer la dénomination des notes; mais ce remède présente un grave inconvénient : l'habitude de la transposition donne aux élèves un sentiment faux de la tonalité, en sorte qu'ils se trouvent tout déroutés quand un instrument leur demande la véritable intonation.

M. Panseron, par suite des observations qu'il a faites en Italie, et par son expérience dans le professorat, a pensé qu'il était de toute nécessité de revoir le Solfége de Rodolphe avant d'en publier une nouvelle édition. Il a jugé indispensable de modifier, en respectant l'harmonie, tous les passages qui s'élevaient au-dessus du *sol* aigu, et même de ménager l'emploi de cette note, qu'il regarde, surtout pour les enfants et les jeunes personnes, comme l'apogée de la voix dans l'étude du Solfége. Quelquefois il a transposé les leçons en entier plutôt que d'altérer les mélodies. Ainsi certaines leçons en *mi majeur* ont été mises, selon le besoin, en *ré* ou en *ut.* Très rarement l'ordre adopté par l'auteur a été interverti.

M. Panseron a également revu, commenté, rectifié les principes qui sont en tête de l'ouvrage [1].

Il a reçu, pour l'ensemble de son travail, le suffrage qu'il pouvait le plus envier, celui de l'illustre compositeur que tant de titres ont appelé à diriger le premier établissement musical de France [2].

Rien n'a été négligé pour la correction du texte. Comme cette édition est exécutée par les procédés de la stéréotypie, elle a pu recevoir déjà diverses rectifications, et l'on fera disparaître successivement les fautes que l'usage journalier viendrait à signaler.

---

(1) Toutes les additions et remarques de M. PANSERON sont en note et désignées par la lettre P.

(2) CONSERVATOIRE DE MUSIQUE.   Paris, le 20 juin 1835.

A Monsieur PANSERON, Professeur de Chant au Conservatoire.

J'ai examiné avec intérêt, Monsieur, le travail que vous avez fait sur le Solfége de Rodolphe, et je donne mon approbation pour son emploi dans les classes du Conservatoire. Si cet ouvrage continue à servir à l'enseignement de la musique en France, il faut espérer qu'avec les rectifications que vous y avez faites, et qui étaient indispensables, les voix des jeunes élèves ne seront plus altérées par des leçons trop hautes. Peut-être notre Conservatoire s'en ressentira-t-il; ce sera un nouveau service rendu par vous à l'établissement national auquel vous appartenez.

Agréez, Monsieur, l'assurance de ma considération distinguée,

Le directeur du Conservatoire de musique,
L. CHERUBINI.

SOLFÉGE DE RODOLPHE.

PREMIÈRE PARTIE.

PRINCIPES ÉLÉMENTAIRES DE MUSIQUE.

ARTICLE I.
DE LA POSITION DE LA CLEF[2].

Demande. Où pose-t-on la clef de *sol?*
Réponse. Sur la seconde ligne.

ARTICLE II.
DU NOMBRE DES NOTES QUI SERVENT A ÉCRIRE LA MUSIQUE.

D. Combien y a-t-il de *notes* dans la musique?
R. Sept.

———

(1) Il sera nécessaire de faire apprendre aux élèves les cinq premiers articles des principes, qui leur donneront les connaissances primitives, et qu'il est indispensable de savoir avant de solfier.

Le premier de ces articles donne la connaissance de la clef, et le second celle du nombre des notes, des tons et des demi-tons qui se trouvent entre elles. Le troisième article traite de la valeur des notes, le quatrième de celle du point et le cinquième de la valeur des silences. Quant aux autres articles, les maîtres, pour ne point surcharger la mémoire des écoliers, auront l'attention de ne les leur faire apprendre qu'autant qu'ils seront assez avancés pour les bien concevoir et ne rien confondre.   (P.)

(2) Lorsque l'élève en sera venu à solfier les clefs autres que la clef de *sol*, on lui fera connaître les principes suivants, qui ont été omis par Rodolphe.

Il y a en musique huit espèces de clefs sous trois formes différentes:

Deux clefs de *sol* , quatre clefs d'*ut* et deux clefs de *fa* .

La clef de *sol* se pose sur la première et sur la deuxième ligne.

La clef d'*ut* se pose sur la première, la seconde, la troisième et la quatrième ligne.

La clef de *fa* se pose sur la troisième et la quatrième ligne.

La note placée sur la ligne de la clef prend le nom de cette clef.

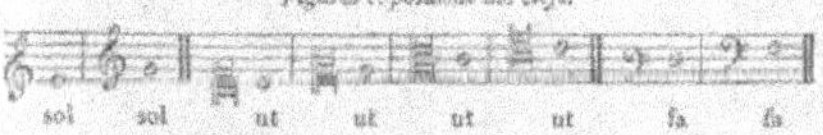
Figures et positions des clefs.

La clef de *sol* première ligne, donnant la même note que la clef de *fa* quatrième ligne à deux octaves au-dessus, a cessé d'être en usage.

Rodolphe, en faisant les leçons sur les clefs d'*ut* et sur la clef de *fa*, a eu le dessein, non de fatiguer inutilement les écoliers par une nouvelle étude,

D. Comment les nomme-t-on?
R. *Ut, ré, mi, fa, sol, la, si.*

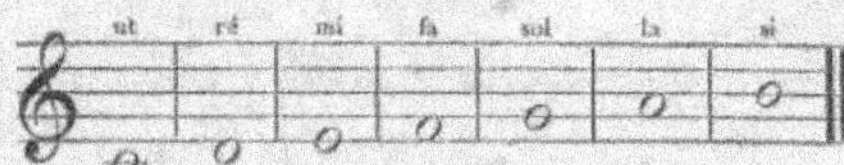

D. Combien ces sept notes font-elles de tons?
R. Cinq tons et deux demi-tons diatoniques lorsqu'on y joint l'octave qui est la répétition du premier son.

D. Sur quels degrés se trouvent les deux demi-tons dans le mode majeur?
R. Du troisième au quatrième degré, et du septième au huitième degré[3].

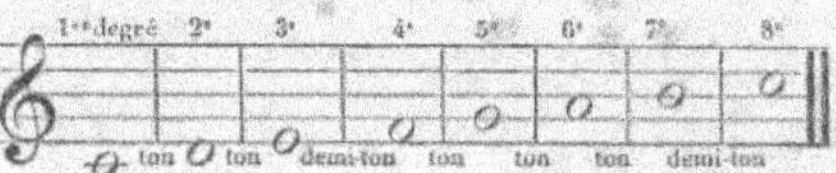

D. Sur quels degrés se trouvent les deux demi-tons dans le mode mineur?
R. Du deuxième au troisième degré, et du septième au huitième degré.

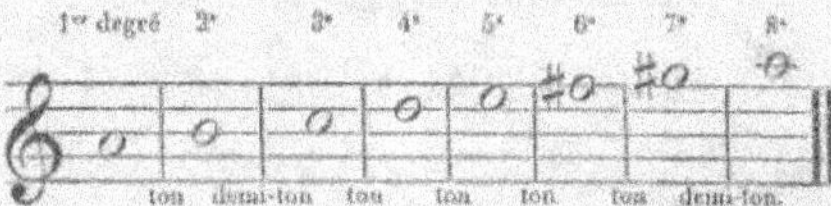

mais seulement de leur faciliter les moyens de les apprendre sans beaucoup de difficultés et en peu de temps; c'est pourquoi il a choisi de préférence le genre des petits airs comme moins ennuyeux et non moins utile pour ce genre d'étude.   (P.)

(3) Il y a deux sortes de degrés: le degré *conjoint* ou *diatonique* et le degré *disjoint*.

Le degré conjoint est le plus petit de tous les intervalles: il n'embrasse qu'un intervalle de seconde; ainsi *ut ré* et *ré mi* sont des degrés conjoints, vu qu'il n'y a qu'un intervalle de seconde d'*ut* à *ré* comme de *ré* à *mi*.

Marche diatonique signifie la même chose que marche par degrés conjoints.

La gamme, soit en montant, soit en descendant, se nomme *gamme diatonique ou gamme par degrés conjoints*.

Le degré disjoint est celui qui embrasse un plus grand intervalle que celui de seconde; ainsi *ut mi, ut fa, ut sol, ut la, ut si* sont autant de degrés disjoints, vu que le plus petit de ces intervalles excède l'intervalle de seconde.   (P.)

ARTICLE III.

DE LA VALEUR DES NOTES.

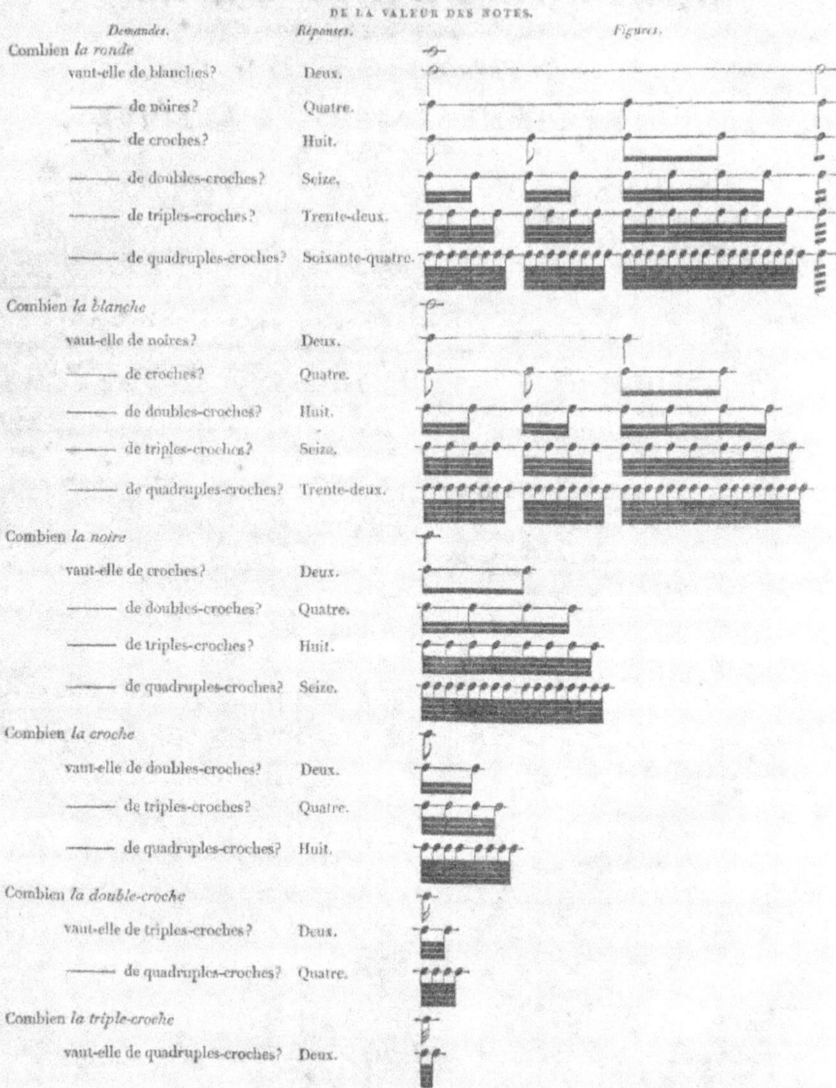

Demandes.	*Réponses.*	*Figures.*
Combien *la ronde*		
vaut-elle de blanches?	Deux.	
—— de noires?	Quatre.	
—— de croches?	Huit.	
—— de doubles-croches?	Seize.	
—— de triples-croches?	Trente-deux.	
—— de quadruples-croches?	Soixante-quatre.	
Combien *la blanche*		
vaut-elle de noires?	Deux.	
—— de croches?	Quatre.	
—— de doubles-croches?	Huit.	
—— de triples-croches?	Seize.	
—— de quadruples-croches?	Trente-deux.	
Combien *la noire*		
vaut-elle de croches?	Deux.	
—— de doubles-croches?	Quatre.	
—— de triples-croches?	Huit.	
—— de quadruples-croches?	Seize.	
Combien *la croche*		
vaut-elle de doubles-croches?	Deux.	
—— de triples-croches?	Quatre.	
—— de quadruples-croches?	Huit.	
Combien *la double-croche*		
vaut-elle de triples-croches?	Deux.	
—— de quadruples-croches?	Quatre.	
Combien *la triple-croche*		
vaut-elle de quadruples-croches?	Deux.	

ARTICLE IV.

DE LA VALEUR DU POINT APRÈS LA NOTE.

D. Que fait le point après une note quelconque?
R. Il augmente la note de la moitié de sa valeur.

Figures.

D. Combien vaut une ronde avec un point?
R. Trois blanches.

D. ——— une blanche avec un point?
R. Trois noires.

D. ——— une noire avec un point?
R. Trois croches.

D. ——— une croche avec un point?
R. Trois doubles-croches.

D. ——— une double-croche avec un point?
R. Trois triples-croches.

D. ——— une triple-croche avec un point?
R. Trois quadruples-croches.

Un second point augmente encore la note de la moitié de la valeur du premier point.

Exemples:

Le point et le second point se placent aussi après les silences avec les mêmes conditions de valeurs que pour les notes.

Il y a des groupes de trois et de six notes, désignés par un 3 ou par un 6, qu'on appelle *triolet* et *sixaine*; les triolets prennent la valeur de deux notes et les sixaines la valeur de quatre[1].

Exemples:

(P.)

(1) Ce n'est pas sans difficulté que l'on parvient à exécuter les triolets. Lorsque l'on commence à s'y exercer, il faut rester un peu sur la première note et précipiter les deux dernières de manière à faire presque une croche et deux doubles-croches si le triolet est de trois croches.

Quelquefois on rencontre dans les *fioritures* ou dans la musique de piano des notes de même valeur en nombre impair; il devient impossible alors de

ARTICLE V.

DU NOM ET DE LA VALEUR DES SILENCES.

Demandes.	*Réponses.*	*Figures.*
Comment marque-t-on le silence		
d'une ronde?	Par une pause. (La pause se place sous la ligne.)	
——— d'une blanche?	Par une demi-pause. (La demi-pause se place sur la ligne.)	
——— d'une noire?	Par un soupir.	
——— d'une croche?	Par un demi-soupir.	
——— d'une double-croche?	Par un quart de soupir.	
——— d'une triple-croche?	Par un huitième ou demi-quart de soupir.	
——— d'une quadruple-croche?	Par un seizième de soupir.	
——— de deux mesures?	Par un seul signe que l'on nomme bâton de deux pauses.	
——— de quatre mesures?	Par un seul signe que l'on nomme bâton de quatre pauses.	

La pause sert aussi de silence pour toute espèce de mesure.

Assez généralement on indique par un chiffre au-dessus du signe le nombre des mesures qu'il faut compter en silence, et, quand on a un nombre qui excède celui de quatre, on le marque avec les signes désignés ci-dessus répétés autant de fois qu'il est nécessaire pour former le nombre que l'on désire.

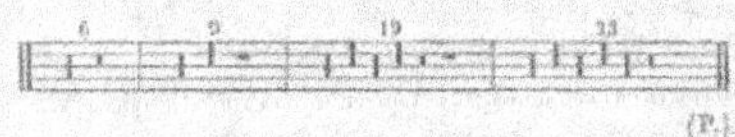

(P.)

les diviser en parties parfaitement égales; il faut s'appliquer à les exécuter dans le temps de la valeur qu'elles occupent.

Ces sortes de divisions sont toujours en plus et jamais en moins de la division exacte du temps.

Exemple 1.   Exemple 2.

Les cinq croches de l'exemple 1 s'exécuteront dans la durée d'une blanche ou de quatre croches, et les onze doubles-croches de l'exemple 2 dans la durée d'une blanche ou de huit doubles-croches. (P.)

ARTICLE VI.

DES SIGNES DE MESURE.

D. Combien y a-t-il de mesures usitées?

R. Trois : la mesure à *quatre temps*, la mesure à *deux temps* et la mesure à *trois temps*.

D. Comment se marque la mesure à quatre temps?

R. Par un C.

D. Comment se marque la mesure à deux temps?

R. Par le chiffre 2, ou par le chiffre 2 avec un 4 dessous, ou par un ¢ (barré).

D. Comment se marque la mesure à trois temps?

R. Par le chiffre 3, ou par le chiffre 3 avec un 4 dessous.

MESURES :

Battre la mesure, c'est indiquer par des mouvements de bras la division des temps qui la composent.

A deux temps, le 1er temps est frappé et le 2e levé. — A trois temps, le 1er est frappé, le 2e marqué à droite, le 3e levé. — A quatre temps, le 1er est frappé, le 2e marqué à gauche, le 3e à droite et le 4e levé[1].

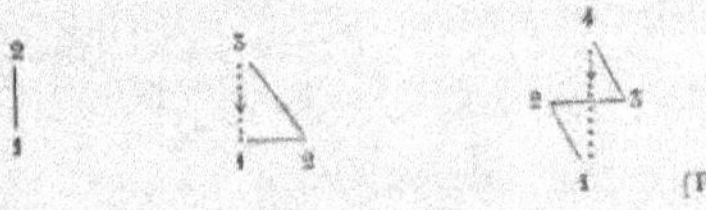

(P.)

ARTICLE VII.

DES SIGNES DES MESURES COMPOSÉES, DÉRIVÉES DES MESURES SIMPLES.

D. Combien y a-t-il de mesures composées?

R. Trois : la mesure à *douze-huit*, la mesure à *six-huit*, et la mesure à *trois-huit*.

D. Comment se marque la mesure à douze-huit?

R. Par le chiffre 12 avec un 8 dessous.

D. Comment se marque la mesure à six-huit?

R. Par le chiffre 6 avec un 8 dessous.

D. Comment se marque la mesure à trois-huit?

R. Par le chiffre 3 avec un 8 dessous.

MESURES :

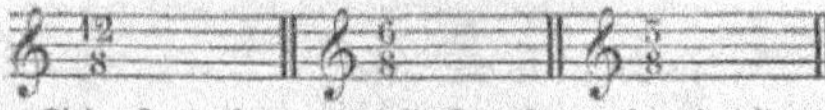

Règle.—Lorsque la mesure est indiquée par deux nombres placés l'un sur

(1) En Italie, les maîtres de chapelle battent la mesure d'une autre manière, préférable à quelques égards. Pour la mesure à trois temps, les deux premiers temps sont frappés et le troisième est levé; à quatre temps, les deux premiers sont frappés et les deux derniers levés. De cette manière, après le second temps, tous les musiciens d'un nombreux orchestre ont saisi le mouvement, au lieu que d'après la méthode usitée en France il faut au moins deux mesures pour l'exécutant qui ne regarde pas le chef d'orchestre. (P.)

l'autre, si ces nombres sont pairs tous deux, la mesure se bat à deux temps; s'il y en a un d'impair, la mesure se bat à trois temps.

Comme seule exception, la mesure $\frac{12}{8}$ se bat à quatre temps.

Autre Règle.—Dans le même cas de deux nombres placés l'un sur l'autre pour marquer la mesure, le nombre inférieur indique quelles sont les valeurs de la ronde dont se compose la mesure, et le nombre supérieur en quelle quantité elles y entrent.

Ainsi dans la mesure $\frac{2}{4}$ le chiffre supérieur signifie que la mesure est formée de deux fois la valeur du nombre inférieur, qui lui-même indique que ces valeurs sont des quarts de ronde; le quart de la ronde étant la noire, $\frac{2}{4}$ signifiera que la mesure se compose de deux noires.

De même $\frac{3}{4}$ indique une mesure qui se compose de trois quarts de ronde ou trois noires. (P.)

ARTICLE VIII.

DE LA POSITION DES DIÈSES.

D. Comment se posent les dièses?

R. De quinte en quinte en montant[2].

Demandes.	*Réponses.*
Où se pose le premier dièse?	Sur le *fa.*
—————— le second?	Sur l'*ut.*
—————— le troisième?	Sur le *sol.*
—————— le quatrième?	Sur le *ré.*
—————— le cinquième?	Sur le *la.*
—————— le sixième?	Sur le *mi.*
—————— le septième?	Sur le *si.*
—————— le huitième?	Sur le *fa*[3].

1er dièse. 2e dièse. 3e dièse. 4e dièse. 5e dièse. 6e dièse. 7e dièse. double-dièse.

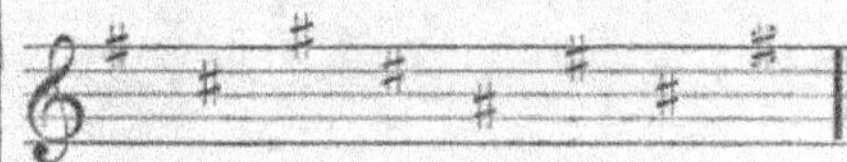

ARTICLE IX.

DE LA POSITION DES BÉMOLS.

D. Comment se posent les bémols?

R. De quinte en quinte en descendant.

Demandes.	*Réponses.*
Où se pose le premier bémol?	Sur le *si.*
—————— le second?	Sur le *mi.*
—————— le troisième?	Sur le *la.*
—————— le quatrième?	Sur le *ré.*
—————— le cinquième?	Sur le *sol.*
—————— le sixième?	Sur l'*ut.*
—————— le septième?	Sur le *fa.*
—————— le huitième?	Sur le *si*[4].

1er bémol. 2e bémol. 3e bémol. 4e bémol. 5e bémol. 6e bémol. 7e bémol. double-bémol.

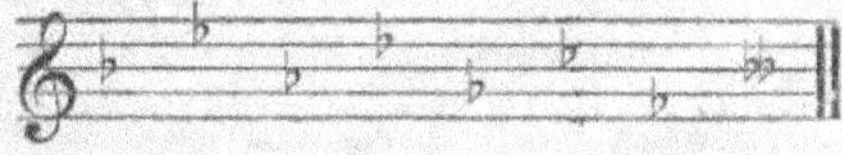

(2) Une quinte est l'espace de cinq degrés.

(3) Le huitième dièse est double et se nomme double-dièse.

(4) Le huitième bémol est double et se nomme double-bémol.

ARTICLE X

DE LA FIGURE ET DE L'EFFET DU DIÈSE, DU BÉMOL
ET DU BÉCARRE.

Le dièse se marque ainsi : ♯.

Le bémol se marque ainsi : ♭.

Le bécarre se marque ainsi : ♮.

D. Dans quel mode sont les notes naturelles ?

R. Dans le ton d'*ut* naturel.

D. Que fait le dièse devant une note naturelle ?

R. Il hausse la note d'un demi-ton chromatique.

D. Que fait le bémol devant une note naturelle ?

R. Il baisse la note d'un demi-ton chromatique.

D. Comment faut-il que la note soit pour pouvoir
mettre un dièse ou un bémol devant ?

R. Il faut que la note soit naturelle.

D. Que fait le bécarre devant une note ?

R. Il remet la note dans son ton naturel.

D. Comment faut-il que la note soit pour pouvoir
mettre un bécarre devant ?

R. Il faut que la note soit diésée ou bémolisée [1].

Note naturelle.	La même note haussée d'un demi-ton par le moyen du dièse.	La note diésée baissée d'un demi-ton par le moyen du bécarre.
Note naturelle.	La même note diésée.	La même note remise dans son ton naturel.
Note naturelle.	La même note baissée d'un demi-ton par le moyen du bémol.	La note bémolisée haussée d'un demi-ton par le moyen du bécarre.
Note naturelle.	La même note bémolisée.	La même note remise dans son ton naturel.

ARTICLE XI.

DE LA DISTINCTION DU MODE MAJEUR ET DU MODE MINEUR.

D. Combien y a-t-il de modes [2] ?

R. Deux, le mode majeur et le mode mineur.

D. Quel est le modèle des tons majeurs ?

R. C'est le ton d'*ut* nature.

D. Quel est le modèle des tons mineurs ?

R. C'est le ton de *la* naturel.

D. Qu'entendez-vous par ton naturel ?

R. C'est lorsqu'il n'y a ni dièses ni bémols à la clef.

MODE MAJEUR.

D. Où connait-on lorsqu'un mode est majeur ?

R. Quand il y a deux tons du premier au troisième degré.

Premier degré.   Deuxième degré.   Troisième degré.

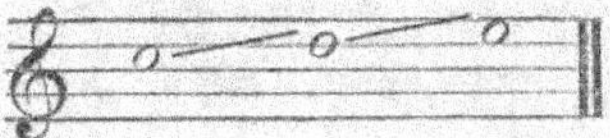

D'ut à ré un ton.   De ré à mi un ton.

MODE MINEUR.

D. Où connaît-on lorsqu'un mode est mineur ?

R. Quand il n'y a qu'un ton et un demi-ton du premier
au troisième degré.

Premier degré.   Deuxième degré.   Troisième degré.

De la à si un ton. De si à ut un demi-ton.

---

(1) On nomme *accident* tout dièse ou tout bémol qui n'est pas placé à la
clef. Le bécarre qui dans le cours d'un morceau affecte une note diésée ou
bémolisée à la clef est également un accident.

Tout accident placé devant une note n'a d'effet que pendant la durée de
la mesure dans laquelle il est entré ; à la mesure suivante les notes sont réta-
blies dans leur état primitif. (P.)

(2) *Mode* signifie l'union des trois sons principaux qui forment entre eux
l'accord le plus parfait et qui font la base de la constitution de toute
musique.

Les trois sons principaux qui constituent le mode sont : la *tonique* ou
premier degré, la *tierce* ou troisième degré, et la *dominante* ou cinquième
degré.

Le mode a deux genres, ou plutôt il y a deux genres de mode, le majeur
et le mineur.

C'est toujours la tierce majeure qui caractérise le mode majeur, et la
tierce mineure qui caractérise le mode mineur.

Voici la nomenclature complète des degrés ou notes de la gamme dans
tous les tons : la première note se nomme *tonique*, la deuxième *sus-tonique*,
la troisième *médiante*, la quatrième *sous-dominante*, la cinquième *dominante*,
la sixième *sus-dominante*, la septième *sensible*, et la huitième *octave* ou
tonique. (P.)

ARTICLE XII.

DU NOMBRE DE DIÈSES QU'IL FAUT A CHAQUE TON, AVEC SON TON RELATIF[1].

D. Dans quel ton est un morceau lorsqu'il n'y a ni dièses ni bémols à la clef?

R. En *ut* majeur ou en *la* mineur. Voyez Ex. 1.

D. Dans quel ton est-on avec un dièse à la clef?

R. En *sol* majeur ou en *mi* mineur. Ex. 2.

D. Et avec deux dièses?

R. En *ré* majeur ou en *si* mineur. Ex. 3.

D. Et avec trois dièses?

R. En *la* majeur ou en *fa* ♯ mineur. Ex. 4.

D. Et avec quatre dièses?

R. En *mi* majeur ou en *ut* ♯ mineur. Ex. 5.

D. Et avec cinq dièses?

R. En *si* majeur ou en *sol* ♯ mineur. Ex. 6.

D. Et avec six dièses[2]?

R. En *fa* ♯ majeur ou en *ré* ♯ mineur. Ex. 7.

D. Et avec sept dièses?

R. En *ut* ♯ majeur ou en *la* ♯ mineur. Ex. 8.

EXEMPLES:

ARTICLE XIII.

DU NOMBRE DE BÉMOLS QU'IL FAUT A CHAQUE TON, AVEC SON TON RELATIF.

D. Dans quel ton est un morceau avec un bémol à la clef?

R. En *fa* majeur ou en *ré* mineur. Voyez Ex. 1.

D. Et avec deux bémols?

R. En *si* ♭ majeur ou en *sol* mineur. Ex. 2.

D. Et avec trois bémols?

R. En *mi* ♭ majeur ou en *ut* mineur. Ex. 3.

D. Et avec quatre bémols?

R. En *la* ♭ majeur ou en *fa* mineur. Ex. 4.

D. Et avec cinq bémols?

R. En *ré* ♭ majeur ou en *si* ♭ mineur. Ex. 5.

D. Et avec six bémols[3]?

R. En *sol* ♭ majeur ou en *mi* ♭ mineur. Ex. 6.

D. Et avec sept bémols?

R. En *ut* ♭ majeur ou en *la* ♭ mineur. Ex. 7.

EXEMPLES:

---

(1) Un ton est relatif d'un autre ton lorsqu'il est désigné à la clef par la même quantité de dièses ou de bémols. Ainsi le ton de *mi* mineur est relatif de *sol* majeur, vu qu'ils sont tous deux désignés à la clef par le même signe; il en est de même des autres tons. (Voyez les exemples ci-dessus.)

(2) Les deux derniers tons sont rarement usités.

(3) Les deux derniers tons sont rarement usités.

ARTICLE XIV.

MOYEN DE CONNAÎTRE LA TONIQUE DANS LES MODES MAJEURS ET MINEURS AVEC DES DIÈSES.

D. Dans les modes majeurs avec des dièses où se pose la tonique?

R. Un degré d'un demi-ton diatonique au-dessus du dernier dièse posé à la clef.

D. Dans les modes mineurs avec des dièses où se pose la tonique?

R. Un degré d'un ton au-dessous du dernier dièse posé à la clef.

TABLEAU DE TOUS LES MODES MAJEURS ET MINEURS AVEC DES DIÈSES.

Remarquez que chaque tonique est toujours posée un degré au-dessus du dernier dièse dans les modes majeurs, et un degré au-dessous du dernier dièse dans les modes mineurs avec dièses.

ARTICLE XV.

MOYEN DE CONNAÎTRE LA TONIQUE DANS LES MODES MAJEURS ET MINEURS AVEC DES BÉMOLS.

D. Dans les modes majeurs avec des bémols où se pose la tonique?

R. Quatre degrés au-dessous du dernier bémol posé à la clef[1].

D. Dans les modes mineurs avec des bémols où se pose la tonique?

R. Six degrés au-dessous du dernier bémol posé à la clef?

TABLEAU DE TOUS LES MODES MAJEURS ET MINEURS AVEC DES BÉMOLS.

Remarquez que chaque tonique est toujours posée quatre degrés au-dessous du dernier bémol dans les modes majeurs, et six degrés au-dessous du dernier bémol dans les modes mineurs avec bémols.

---

[1] Dans les mêmes modes avec plusieurs bémols l'avant-dernier bémol indique la position de la tonique; quand il n'y a qu'un seul bémol, il faut savoir que la tonique est *fa*.

(P.)

ARTICLE XVI.

POUR SE FAMILIARISER AVEC LES DEGRÉS DE TOUTES LES GAMMES.

Demandes.	*Réponses.*
Combien y a-t-il de notes dans la gamme?	Huit.
Combien les huit notes font-elles de degrés?	Huit.
Quel est le premier degré d'un mode quelconque?	C'est la tonique.

GAMME DU TON D'UT

SERVANT DE RÈGLE POUR TOUS LES TONS.

Demandes.	*Réponses.*
Dans le ton d'*ut* quel est le premier degré?	C'est l'*ut* ou *tonique.*

Demandes.	*Réponses.*
Quel est le second degré?	C'est le *ré* ou *sus-tonique.*
—— le troisième?	—— le *mi* ou *médiante.*
—— le quatrième?	—— le *fa* ou *sous-dominante.*
—— le cinquième?	—— le *sol* ou *dominante.*
—— le sixième?	—— le *la* ou *sus-dominante.*
—— le septième?	—— le *si* ou *sensible.*
—— le huitième?	—— l'*ut* ou *octave.*

D. Est-il nécessaire de nommer l'octave huitième degré?

R. Il est indifférent de nommer l'octave huitième ou premier degré, vu que l'octave n'est que la répétition du premier degré que l'on nomme tonique.

Le même ordre subsiste dans toutes les autres gammes.

ARTICLE XVII.

DES DEUX GENRES DE DEMI-TONS ET DE LA MANIÈRE DE LES DISTINGUER.

D. Combien y a-t-il de sortes de demi-tons?

R. Deux, le demi-ton diatonique et le demi-ton chromatique [1].

D. Comment connaît-on le demi-ton diatonique?

R. C'est lorsque deux notes sont placées l'une sur la ligne et l'autre dans l'intervalle le plus prochain.

EXEMPLES DE DEMI-TONS DIATONIQUES.

D. Comment connaît-on le demi-ton chromatique?

R. C'est lorsque deux notes sont sur la même ligne ou sur le même intervalle par le moyen du dièse ou du bémol.

EXEMPLES DE DEMI-TONS CHROMATIQUES.

---

(1) Le demi-ton diatonique se fait par l'emploi de deux notes, soit en montant soit en descendant par degrés conjoints, comme de *si* à *ut*, de *ré* à *mi* bémol, de *fa* dièse à *sol* naturel ou de *si* bémol à *la* naturel. (Voyez les exemples de demi-tons diatoniques ci-dessus.) Le demi-ton chromatique s'opère en faisant passer la même note successivement du naturel au dièse, du dièse au naturel, du bémol au naturel, du naturel au bémol. (Voyez les exemples de demi-tons chromatiques ci-dessus.)

ARTICLE XVIII.

INTERVALLES DES NOTES DANS L'ORDRE NATUREL.

Demandes.	*Réponses.*	*Demandes.*	*Réponses.*
Comment nomme-t-on deux notes sur le même degré, je suppose *ut* et *ut?*	Unisson.	Comment nomme-t-on la distance d'*ut* à *sol?*	Quinte.
Comment nomme-t-on la distance d'*ut* à *ré?*	Seconde.	—————— d'*ut* à *la?*	Sixte.
—————— d'*ut* à *mi?*	Tierce.	—————— d'*ut* à *si?*	Septième.
—————— d'*ut* à *fa?*	Quarte.	—————— d'*ut* à *ut?*	Octave.

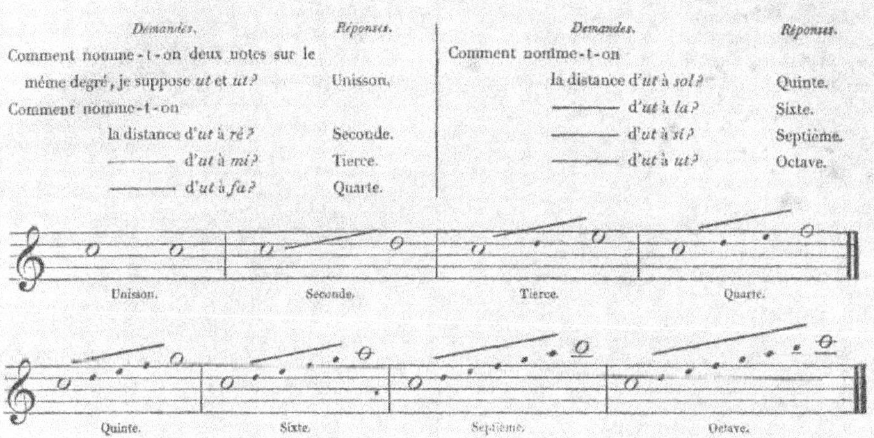

ARTICLE XIX.

RENVERSEMENT DES INTERVALLES DANS L'ORDRE NATUREL [1]

Demandes.	*Réponses.*	*Demandes.*	*Réponses.*
Que devient un unisson renversé?	Octave.	Que devient une quinte renversée?	Quarte.
—————— une seconde renversée?	Septième.	—————— une sixte renversée?	Tierce.
—————— une tierce renversée?	Sixte.	—————— une septième renversée?	Seconde.
—————— une quarte renversée?	Quinte.	—————— une octave renversée?	Unisson.

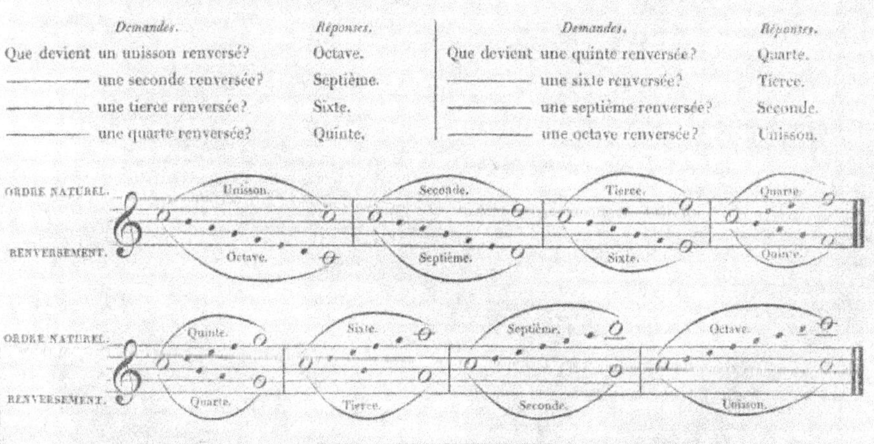

---

[1] On trouvera aisément le renversement d'un intervalle donné en se rappelant que les nombres qui distinguent un intervalle de son renversement, étant réunis, doivent former le nombre *neuf*. Ainsi l'unisson (marqué par le nombre 1) donne l'octave (marqué par le nombre 8); la 2de donne la 7me, la 3e donne la 6te, la 4te donne la 5te, la 6te donne la 3ce, la 7me donne la 2de; de l'addition de chacun de ces couples résulte le nombre *neuf*. (P.)

ARTICLE XX.

COMPOSITION DES INTERVALLES [1].

D. De quoi est composée
une seconde mineure? *R.* D'un demi-ton.
—— une seconde majeure? *R.* D'un ton.
—— une seconde augmentée? *R.* D'un ton et d'un demi-ton.

Seconde mineure. Seconde majeure. Seconde augmentée.

D. De quoi est composée
une tierce diminuée? *R.* De deux demi-tons.
—— une tierce mineure? *R.* D'un ton et d'un demi-ton.
—— une tierce majeure? *R.* De deux tons.

Tierce diminuée. Tierce mineure. Tierce majeure.

D. De quoi est composée
une quarte diminuée? *R.* D'un ton et deux demi-tons.
—— une quarte juste? *R.* De deux tons et un demi-ton.
—— une quarte augmentée? *R.* De trois tons.

Quarte diminuée. Quarte juste. Quarte augmentée.

D. De quoi est composée
une quinte diminuée? *R.* De deux tons et deux demi-tons.
—— une quinte juste? *R.* De trois tons et un demi-ton.
—— une quinte augmentée? *R.* De trois tons et deux demi-tons.

Quinte diminuée. Quinte juste. Quinte augmentée.

D. De quoi est composée
une sixte mineure? *R.* De trois tons et deux demi-tons.
—— une sixte majeure? *R.* De quatre tons et un demi-ton.
—— une sixte augmentée? *R.* De quatre tons et deux demi-tons.

Sixte mineure. Sixte majeure. Sixte augmentée.

D. De quoi est composée
une septième diminuée? *R.* De trois tons et trois demi-tons.
—— une septième mineure? *R.* De quatre tons et deux demi-tons.
—— une septième majeure? *R.* De cinq tons et d'un demi-ton.

Septième diminuée. Septième mineure. Septième majeure.

D. De quoi est composée l'octave? *R.* De cinq tons et deux demi-tons [2].

(1) Tous les intervalles naturels de la gamme sont *majeurs*, à l'exception de la quarte et de la quinte, qui sont *justes ou inaltérés*; tous les intervalles dits majeurs, lorsqu'ils sont haussés d'un demi-ton, se nomment *augmentés*; lorsqu'ils sont baissés d'un demi-ton, ils sont *mineurs*; pour qu'ils soient *diminués*, il faut qu'ils soient baissés de deux demi-tons.

Ceux qui sont *justes* ou *inaltérés*, la quarte et la quinte, sont augmentés avec un demi-ton au-dessus, et diminués avec un demi-ton au-dessous; ils ne peuvent être ni majeurs ni mineurs.

(2) Les élèves pouvant difficilement retenir la composition de tous les intervalles, il suffit qu'ils connaissent d'une manière imperturbable les trois principaux : la tierce, la quinte et l'octave.

Chaque fois qu'on les interrogera sur la composition de tout autre intervalle, ils devront le comparer à celui des trois intervalles connus le plus rapprochés : tierce, quinte et octave; la seconde et la quarte à la tierce, la sixte à la quinte et la septième à l'octave; ils n'auront qu'à ajouter ou retrancher l'intervalle complémentaire.

ARTICLE XXI.

DU RENVERSEMENT DES INTERVALLES DU MINEUR AU MAJEUR ET DE L'AUGMENTÉ AU DIMINUÉ.

D. Que devient une seconde mineure renversée?   *R.* Une septième majeure.
————————— une seconde majeure renversée?   *R.* Une septième mineure.
————————— une seconde augmentée renversée?   *R.* Une septième diminuée.

D. Que devient une tierce diminuée renversée?   *R.* Une sixte augmentée.
————————— une tierce mineure renversée?   *R.* Une sixte majeure.
————————— une tierce majeure renversée?   *R.* Une sixte mineure.

D. Que devient une quarte diminuée renversée?   *R.* Une quinte augmentée.
————————— une quarte juste renversée?   *R.* Une quinte juste.
————————— une quarte augmentée renversée?   *R.* Une quinte diminuée.

D. Que devient une quinte diminuée renversée?   *R.* Une quarte augmentée.
————————— une quinte juste renversée?   *R.* Une quarte juste.
————————— une quinte augmentée renversée?   *R.* Une quarte diminuée.

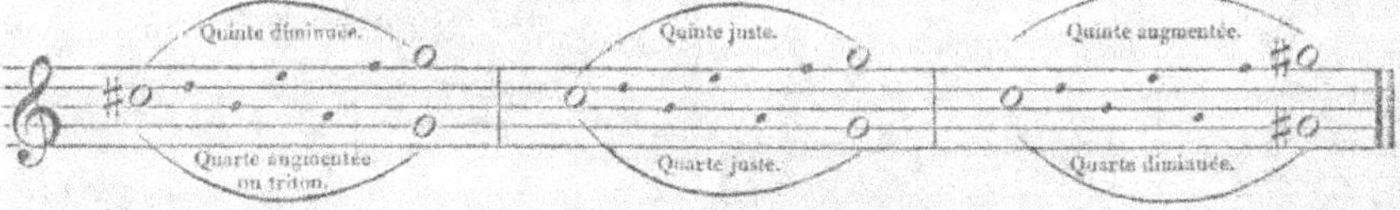

D. Que devient une sixte mineure renversée?   *R.* Une tierce majeure.
————————— une sixte majeure renversée?   *R.* Une tierce mineure.
————————— une sixte augmentée renversée?   *R.* Une tierce diminuée.

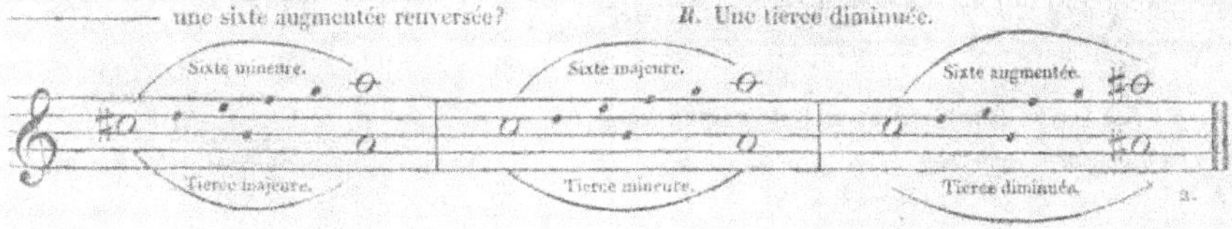

2.

D. Que devient une septième diminuée renversée? **R.** Une seconde augmentée.

———————— une septième mineure renversée? **R.** Une seconde mineure.

———————— une septième majeure renversée? **R.** Une seconde majeure.

ARTICLE XXII.

RÈGLE POUR SAVOIR CE QU'IL FAUT FAIRE POUR PASSER D'UN TON MINEUR A SON MAJEUR, ET D'UN TON MAJEUR A SON MINEUR PAR LE MOYEN DE TROIS DIÈSES.

D. Dans quel mode est le ton de *la* naturel lorsqu'il n'y a ni dièses ni bémols à la clef?

R. Dans le mode mineur.

D. Que faut-il faire pour passer de *la* mineur à son majeur?

R. Ajouter trois dièses à la clef.

Du ton de la mineur au ton de la majeur.

D. Que faut-il faire (règle générale) dans tous les tons mineurs avec des dièses pour les rendre majeurs?

R. Toujours ajouter trois dièses au nombre qui se trouve à la clef.

TONS MINEURS AVEC DES DIÈSES RENDUS MAJEURS.

Du mineur au majeur.   Du mineur au majeur.

Du mineur au majeur.   Du mineur au majeur.

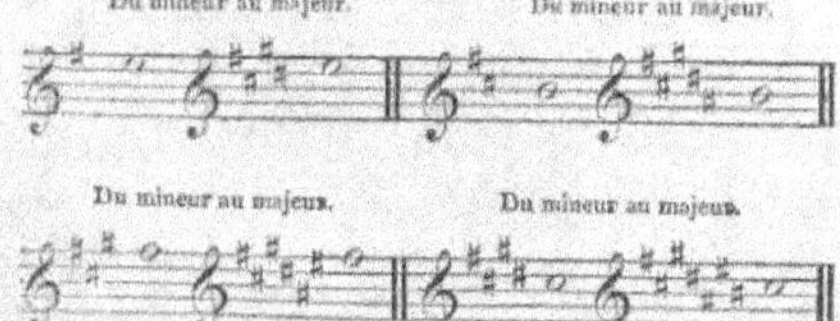

D. Que faut-il faire dans tous les tons majeurs avec des dièses pour les rendre mineurs?

R. Toujours retrancher trois dièses à la clef.

TONS MAJEURS AVEC DES DIÈSES RENDUS MINEURS.

Du majeur au mineur.   Du majeur au mineur.

Du majeur au mineur.   Du majeur au mineur.

D. Comment retrancher trois dièses de la clef dans le ton de *ré* majeur qui n'en a que deux?

R. Il faut retrancher les deux dièses qui sont à la clef, et substituer un bémol en leur place.

Du ton de ré majeur au ton de ré mineur.

D. Comment retrancher trois dièses de la clef dans le ton de *sol* majeur qui n'en a qu'un?

R. Il faut retrancher le dièse qui est à la clef et substituer deux bémols en sa place.

Du ton de sol majeur au ton de sol mineur.

ARTICLE XXIII.

RÈGLE POUR SAVOIR CE QU'IL FAUT FAIRE POUR PASSER D'UN TON MAJEUR A SON MINEUR, ET D'UN MINEUR
A SON MAJEUR, PAR LE MOYEN DE TROIS BÉMOLS.

D. Dans quel mode est le ton d'*ut* naturel?

R. Dans le mode majeur.

D. Que faut-il faire pour passer du ton d'*ut* majeur à son mineur?

R. Il faut ajouter trois bémols à la clef.

Du ton d'*ut* majeur au ton d'*ut* mineur.

D. Que faut-il faire (règle générale) dans tous les tons majeurs avec des bémols pour les rendre mineurs?

R. Il faut toujours ajouter trois bémols au nombre qui se trouve à la clef.

TONS MAJEURS AVEC DES BÉMOLS RENDUS MINEURS.

Du majeur au mineur.   Du majeur au mineur.

Du majeur au mineur.   Du majeur au mineur.

D. Que faut-il faire dans tous les tons mineurs avec des bémols pour les rendre majeurs?

R. Il faut toujours retrancher trois bémols au nombre qui se trouve à la clef.

TONS MINEURS AVEC DES BÉMOLS RENDUS MAJEURS.

Du mineur au majeur.   Du mineur au majeur.

Du mineur au majeur.   Du mineur au majeur.

D. Comment retrancher de la clef trois bémols dans le ton de *sol* mineur qui n'en a que deux?

R. Il faut retrancher les deux bémols qui sont à la clef et substituer un dièse en leur place.

Du ton de *sol* mineur au ton de *sol* majeur.

D. Comment retrancher de la clef trois bémols dans le ton de *ré* mineur qui n'en a qu'un?

R. Il faut retrancher le bémol qui est à la clef et substituer deux dièses en sa place.

Du ton de *ré* mineur au ton de *ré* majeur.

ARTICLE XXIV.

DES CARACTÈRES ACCIDENTELS[1].

D. Combien y a-t-il de caractères qui puissent être accidentels ?

R. Trois : le dièse, le double-dièse et le bécarre.

D. Qu'entendez-vous par caractères accidentels ?

R. Ce sont des caractères qui ne sont pas à la clef.

D. Dans quels modes ces caractères sont-ils accidentels ?

R. Dans tous les modes mineurs.

D. A quoi sert le dièse accidentel ?

R. A hausser le septième degré d'un demi-ton.

D. A quoi sert le double-dièse accidentel ?

R. A hausser d'un demi-ton le septième degré qui est déjà diésé à la clef.

D. A quoi sert le bécarre accidentel ?

R. A hausser d'un demi-ton le septième degré qui est bémolisé à la clef.

D. Pourquoi hausse-t-on toujours le septième degré dans les modes mineurs ?

R. Pour le rendre note sensible.

EXEMPLE DU DIÈSE, DU DOUBLE-DIÈSE ET DU BÉCARRE ACCIDENTELS PLACÉS EN TÊTE
DE TOUS LES TONS MINEURS.

[1] Dans tous les tons mineurs avec des dièses le dièse accidentel n'a lieu que lorsqu'il y a depuis un jusqu'à quatre dièses à la clef ; sitôt qu'il y en a cinq, il faut avoir recours au double-dièse pour hausser le septième degré qui se trouve déjà diésé à la clef. Dans les tons mineurs avec des bémols, il n'y a que deux tons dont la note sensible puisse être caractérisée au moyen du dièse accidentel. Sitôt qu'il y a trois bémols à la clef, il faut avoir recours au bécarre pour hausser le septième degré qui est bémolisé à la clef. (*Voyez* les exemples ci-dessus.)

ARTICLE XXV.

DES AGRÉMENTS DU CHANT.

Le *port de voix*, que l'on nomme aussi note de goût, d'agrément ou petite note, est désigné par une note plus petite que les autres. La petite note ne se nomme point en solfiant; on la fait seulement sentir en nommant la note avec laquelle elle est liée. On verra dans les exemples suivants l'emploi de la petite note sur tous les intervalles praticables.

NOTES DÉTACHÉES.

Les notes détachées sec sont quelquefois désignées par des petits points ou des petites barres que l'on met au-dessus.

NOTES COULÉES, LIÉES ET SYNCOPÉES.

Les notes coulées, ou liées, ou syncopées sont désignées par ce signe

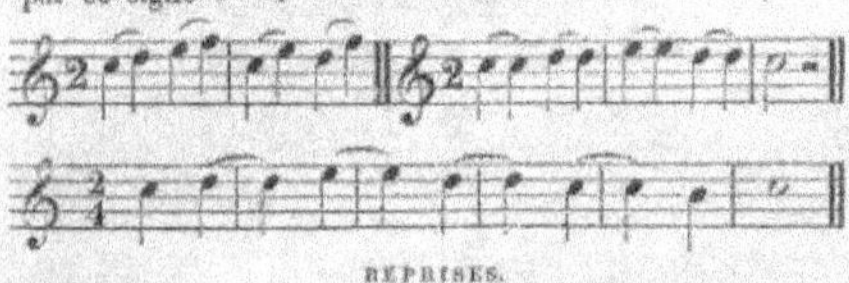

REPRISES.

Les quatre signes marqués ci-après servent à séparer les reprises d'un morceau de musique. Le premier signe, qui n'a pas de points, marque qu'il faut aller de suite; le second, qui a des points à gauche, marque qu'il faut dire deux fois la première reprise; le troisième, qui a des points à droite, marque qu'il faut dire deux fois la seconde reprise; enfin le quatrième, qui a des points des deux côtés, marque qu'il faut dire deux fois chaque reprise.

RENVOI.

Le *renvoi* (§) sert à ramener de la fin d'un morceau de musique au commencement. On met toujours deux renvois; le second ramène au premier.

POINT D'ORGUE.

Le *point d'orgue*, que l'on nomme aussi *fermat*, ou *point d'arrêt*, est un repos que l'on fait plus ou moins long. Pendant ce repos la partie récitante (s'il y en a une), a quelquefois le loisir de faire différents passages à sa volonté. Dans d'autres cas, le point d'orgue est un repos général.

GUIDON.

Le *guidon* est un signe qui se met ordinairement à la fin de chaque portée, et qui sert à indiquer la première note de la portée qui suit.

SIGNES D'INTENSITÉ.

Le signe marqué ainsi ——— sert à indiquer qu'il faut augmenter les sons.

Le signe marqué ainsi ——— sert à indiquer qu'il faut diminuer les sons.

Et le signe marqué ainsi ——— sert à indiquer qu'il faut augmenter le son jusqu'au milieu, et ensuite le diminuer.

CADENCES.

La *cadence* [1] se fait par le moyen de deux notes que l'on fait entendre successivement; le battement de ces deux notes prend ordinairement son appui sur la pénultième note d'une phrase musicale.

Il y a deux sortes de cadences: l'une est la cadence pleine; elle consiste à ne commencer le battement de voix qu'après en avoir appuyé la note supérieure; l'autre s'appelle cadence brisée, et l'on y fait le battement de voix sans aucune préparation.

(1) C'est à tort que l'on se sert du mot *cadence* en ce cas; il faut dire *trille*.

(P.)

ARTICLE XXVI

LISTE DES TERMES ITALIENS POUR L'INDICATION DES MOUVEMENTS ET DES NUANCES.

INDICATIONS DE MOUVEMENT.

D. Qu'est-ce que le mouvement en musique?

R. Le mouvement est le degré de lenteur ou de vitesse que l'on donne à la mesure, et dans lequel on exécute un morceau de musique[1].

TERMES ITALIENS.	SIGNIFICATIONS.
Grave.	Grave, le plus lent de tous les mouvements.
Largo.	Large, sévère.
Lento.	Lent.
Larghetto.	Largement, moins sévère que *largo*.
Adagio.	Lentement, posément.
Sostenuto.	Soutenu, lentement en soutenant les sons.
Maestoso.	Majestueux.
Affettuoso.	Affectueux.
Cantabile.	Chanter avec goût, avec grace.
Tempo di menuetto.	Temps de menuet.
Tempo di marcia.	Temps de marche.
Andante.	Allez, mouvement gracieux.
Andantino.	Un peu moins lent que l'*andante*.
Tempo giusto.	Temps juste, ni trop lent, ni trop vite.
Grazioso.	Gracieux.
Allegretto ou All^no	D'une vivacité modérée et gracieuse.
Allegro ou All^o.	Gai, vif.
Presto.	Vif, animé, rapide.
Prestissimo.	Très vif, impétueux.

TERMES AJOUTÉS AUX INDICATIONS DE MOUVEMENT.

Doloroso.	Douloureux.
Con espressione.	Avec expression.
Moderato.	Modéré.
Comodo.	Commode.
Non troppo.	Pas trop.
Quasi.	Presque.
Con brio.	Brillant.
Brioso.	Vif, agile.
Agitato.	Agité.
Scherzando.	Gai, léger, en badinant.
Mosso.	Animé.
Con moto.	Avec mouvement.
Molto.	Beaucoup.
Assai.	Idem.

(1) Consultez le petit instrument dit *métronome de Maelzel*. Je l'ai adopté depuis mon voyage de Munich en 1815, dans toutes mes publications je m'en sers. (P.)

INDICATIONS DE NUANCES ET D'EXPRESSIONS.

D. Qu'indiquent les nuances?

R. Les nuances indiquent le degré de force ou de faiblesse que l'on doit donner aux sons dans le cours d'un morceau.

TERMES ITALIENS.	ABRÉVIATIONS.	SIGNIFICATIONS.
Piano	ou *p*	Faible, doux.
Pianissimo.	pp	Très faible, très doux.
Dolce.	dol.	Doux.
Forte.	f	Fort.
Fortissimo.	ff	Très fort.
Mezzo forte.	mf	Demi-fort.
Sforzato.	sfz	Forcé subitement.
Rinforzando.	rinf.	En renforçant.
Crescendo.	cresc.	En augmentant de force.
Decrescendo.	decresc.	En diminuant de force.
Diminuendo.	dim.	*Idem.*
Smorzando.	smorz.	En mourant, éteindre.
Morendo.	moren.	*Idem.*
Legato.	leg.	Lié.
Staccato.	stac.	Détaché.
Portamento.	portam.	Porté.
Ritardando.	ritard.	En retardant.
Rallentando.	rall.	En ralentissant.
Ritenuto.	rit.	Retenu.
Accelerando.	accel.	En accélérant.
Stringendo.	string.	En serrant.
A tempo ou Tempo 1°.		Premier mouvement.
Espressivo.	espress.	Expressif.
Leggiero.	legg.	Léger.
Con anima.		Avec ame.
Con spirito.		Avec chaleur.
Con grazia.		Avec grace.
Con gusto.		Avec goût.
Con delicatezza.		Avec délicatesse.
Con allegrezza.		Avec joie, allégresse.
Con fuoco		Avec feu.
Calando.		En échauffant l'exécution.
Con calore.		Avec chaleur.
Con forza.		Avec force.
Animato.		Animé.
Ben marcato.		Bien marqué.
Ad libitum.		A volonté.
A placere.		A plaisir.
Poco a poco.		Peu à peu.

PROPOSITION D'UN NOUVEAU SIGNE

QUI SERVE A DISTINGUER, SANS DIFFICULTÉ, LE MODE MAJEUR D'AVEC LE MODE MINEUR.

Tous les musiciens savent que, lorsqu'il n'y a ni dièses ni bémols à la clef, l'on est en *ut* majeur ou en *la* mineur; mais lequel des deux? c'est une difficulté à résoudre. Si un morceau de musique est en *ut* majeur, il peut commencer par *ut*, ou *mi*, ou *sol*; si le morceau est en *la* mineur, il peut commencer par *la*, ou *ut*, ou *mi*. Mais si le morceau commence par *ut* et *mi*, ces deux notes appartiennent indistinctement au ton d'*ut* et au ton de *la*; il faut donc avoir recours à l'enchaînement des premières phrases pour résoudre la question. Beaucoup d'écoliers regardent la dernière note du morceau pour en connaître le ton; ce moyen serait bon si toutes les parties finissaient par la tonique, mais le second violon finit souvent par la tierce; l'alto finit tantôt par la tierce, tantôt par la quinte; le premier violon même finit quelquefois par la tonique, la tierce et la quinte en même temps. Il faudrait donc, pour qu'il ne restât aucun doute sur le ton, avoir un signe général et certain qui le désignât d'une manière sensible et claire. Celui que je propose est de mettre en tête de chaque morceau de musique (avant de poser la première clef) le caractère accidentel qui sert à distinguer la note sensible dans les tons mineurs seulement.

Dans les tons majeurs par dièses, la note sensible est toujours le dernier dièse posé après la clef; et dans les tons majeurs par bémols, la note sensible est toujours une note naturelle[1], au lieu que dans les tons mineurs par dièses, la note sensible ne se fait voir ou entendre qu'au moyen d'un dièse ou d'un double-dièse étranger que l'on emprunte, vu qu'il n'est pas posé après la clef. De même, dans les tons mineurs par bémols, la note sensible ne se fait entendre ou voir qu'au moyen d'un dièse ou d'un bécarre que l'on emprunte, vu qu'il n'est pas posé à la clef. C'est ce signe que je propose de mettre devant la clef, à la tête de tous les tons mineurs. (Voyez l'exemple général que j'en donne page 14.) Il résulte de ma proposition que, mettant toujours en tête d'un morceau de musique le caractère ou signe accidentel qui détermine la note sensible, soit devant la clef pour les tons mineurs, ou après la clef pour les tons majeurs, il résulte, dis-je, qu'un écolier, même le moins avancé, saura connaître du premier coup-d'œil ce qu'il ne peut apprendre et concevoir que par une longue habitude[2].

---

[1] Excepté le cas où l'on voudrait mettre sept bémols à la clef, chose inusitée.

(2) Le signe proposé par Rodolphe pour la distinction facile du mode majeur d'avec le mode mineur n'ayant pas été adopté, les élèves manquent de moyens pour les reconnaître. Les harmonistes ont des procédés certains, mais auxquels on ne peut initier des élèves de solfége. Je vais en indiquer un qui m'a toujours réussi dans mes leçons.

J'enseigne à l'élève de quels intervalles est composé l'accord parfait, et cette connaissance, facile à acquérir, suffit pour l'amener à celle du mode.

Cet accord est formé de tierce et quinte: en *ut*, c'est *ut*, *mi*, *sol*; en *la*, c'est *la*, *ut*, *mi*.

Si dans les premières mesures d'une leçon sans dièses ni bémols à la clef l'élève trouve, soit au chant, soit à la basse, la succession ou l'accord *ut*, *mi*, *sol*, le morceau est en *ut* majeur; s'il trouve la succession ou l'accord *la*, *ut*, *mi*, le ton est celui de *la* mineur.

De même pour les autres tons: en *sol* majeur avec un dièse à la clef, l'accord parfait est *sol*, *si*, *ré*; dans le ton relatif, c'est *mi*, *sol*, *si*. (P.)

ÉTENDUE DU CLAVIER.

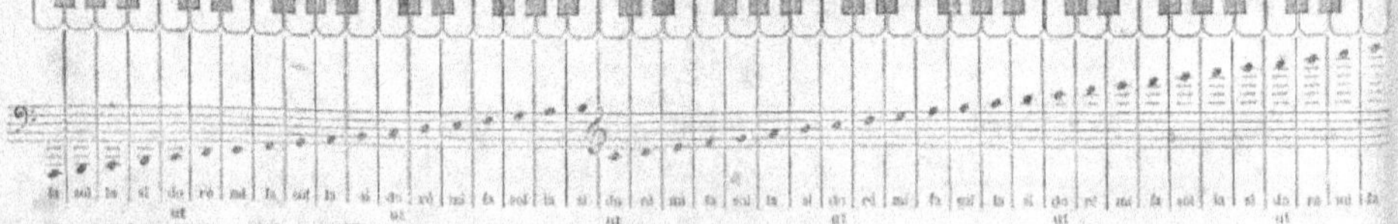

SOLFÉGE DE RODOLPHE.

IIE PARTIE. — LEÇONS.

Gamme par intervalle de Tierce.

Résumé de la précédente.
N° 16.
Gamme par intervalle de Sixte.
N° 17.
Résumé de la précédente.
N° 18.
Gamme par intervalle de Septième.
N° 19.
Résumé de la précédente.
N° 20.

Gamme par intervalle d'Octave.

N° 21.

Résumé de la précédente.

N° 22.

Leçon renfermant tous les intervalles.

N° 23.

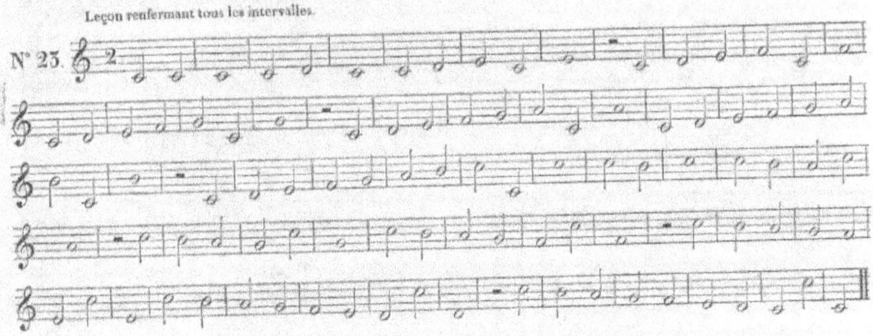

Résumé de la précédente.

N° 24.

Leçon pour se familiariser avec l'intervalle de Fausse Quinte.

N° 25.

Leçon pour se familiariser avec l'intervalle de Triton.

N° 26.

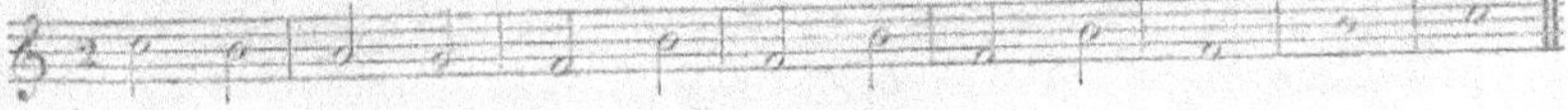

Étendue de la voix naturelle.

N° 27.

Leçon par Tierces de lignes en lignes.
N° 28.
Leçon par Tierces d'espaces en espaces.
N° 29.
Leçon par Tierces, Octaves et Dixièmes.
N° 30.
Leçon par Tierces et Dixièmes ou Octaves de la Tierce.
N° 31.
Première leçon avec la Basse. Des Rondes et des Pauses.
N° 32.
Leçon avec des Blanches.
N° 33.

Leçon avec des Noires.
N° 54.
Leçon avec des Croches.
N° 55.
Rondes et Blanches.
N° 56.

Rondes et Noires.
N° 37.
Rondes et Croches.
N° 58.

Rondes, Blanches et Noires.
N° 39.
Rondes, Blanches, Noires et Croches.
N° 40.
Leçon avec une Blanche et quatre Croches.
N° 41.
1re fois.
2e fois.

1re fois.
2e fois.
Leçon avec une longue et deux brèves.
N° 42.
Réduction de la précédente leçon en Noires et en Croches.
N° 43.
Leçon avec deux brèves et une longue.
N° 44.

Réduction de la leçon précédente.

N° 45.

Leçon pour observer la valeur du point après une Blanche.

N° 46.

D.C. 𝄋

Réduction de la leçon précédente.

N° 47.

fin.

D.C. 𝄋

Leçon avec des Noires pointées, des Croches et des Blanches.

La même leçon réduite en Noires, pour observer le Soupir.

Leçon avec des Croches et un Silence au commencement et à la fin de chaque mesure.

Réduction de la leçon 58.

N° 59.

Résumé des quatre leçons précédentes.

N° 60.

Leçon avec une Blanche faisant Syncope entre deux Noires.

N° 61.

Réduction de la leçon précédente.

N° 62.

Résumé des leçons précédentes.

N° 63.

Leçon pour la mesure à trois temps, avec une Blanche pointée.

N° 64.

D.C. 𝄋

Leçon avec une longue et une brève.

N° 65.

Leçon inverse de la précédente.

N° 66.

Résumé des deux leçons précédentes.

N° 67.

N° 68.
Douze Variations tirées du même chant, avec le résumé et la même basse servant pour toutes.
Sujet.
Suivez.
1re Variation.
Suivez.
2e Variation.
Suivez.
3e Variation.
Suivez.
4e Variation.
Suivez.
5e Variation.
Suivez.
6e Variation.
Suivez.
7e Variation.
Suivez.
8e Variation.
Suivez.
9e Variation.
Suivez.
10e Variation.
Suivez.
11e Variation.
Suivez.
12e Variation.
Suivez.
Résumé.
Suivez.
Basse.
Suivez.

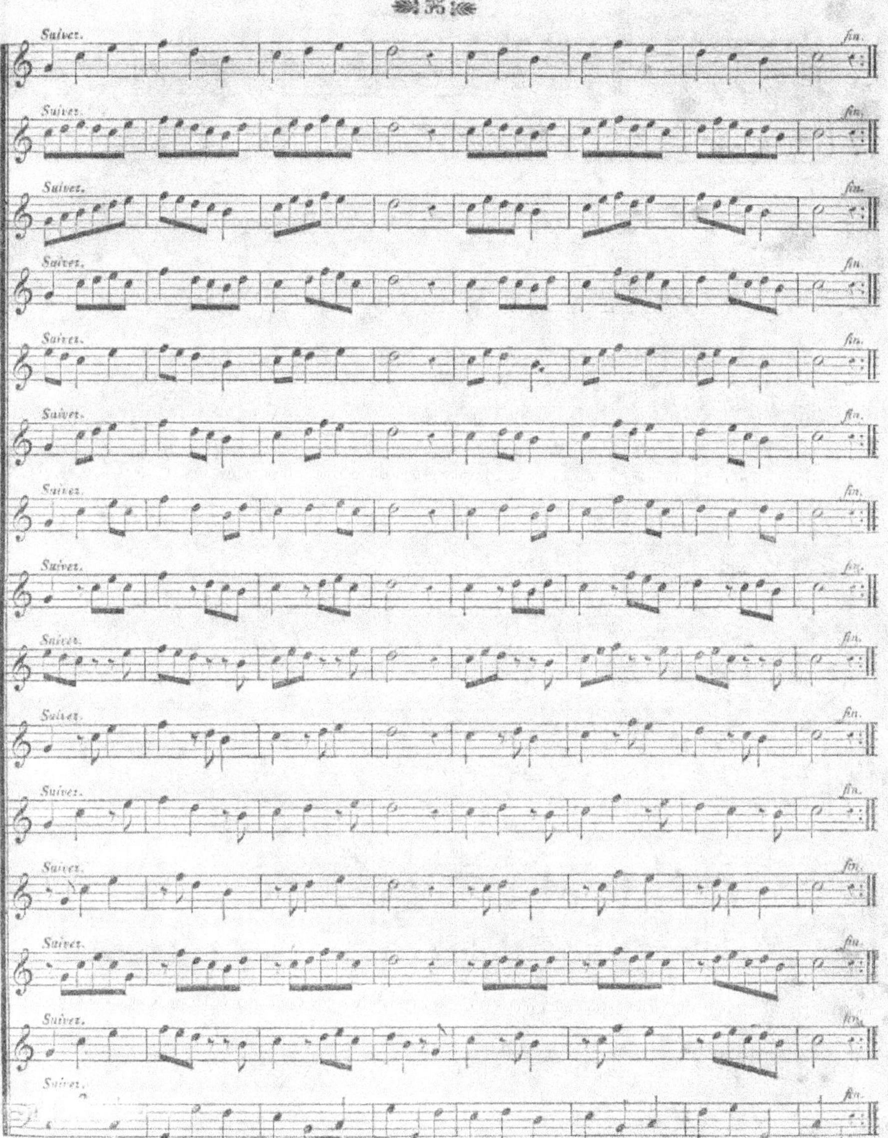
Suivez.
fin.
Suivez.
fin.
Suivez.
fin.
Suivez.
fin.
Suivez.
fin.
Suivez.
fin.
Suivez.
fin.
Suivez.
fin.
Suivez.
fin.
Suivez.
fin.
Suivez.
fin.
Suivez.
fin.
Suivez.
fin.
Suivez.
fin.

Leçon pour apprendre à syncoper deux notes égales.
N° 69.
Leçon pour apprendre à syncoper une longue et une brève.
N° 70.
Résumé des deux précédentes.
N° 71.
Fin des leçons préliminaires.

Gamme par demi-tons avec des dièses.

N° 72.

Gamme par demi-tons avec des bémols.

Gamme résumée des deux précédentes.

Quoiqu'il y ait une différence sensible entre l'intervalle d'ut naturel à ut dièse et l'intervalle d'ut naturel à ré bémol, néanmoins l'on est convenu pour la facilité de l'intonation, d'identifier, si j'ose le dire, ces deux intervalles ; en un mot, n'en faire qu'un. De sorte qu'après avoir fait entendre ut naturel, on peut, en montant d'un demi-ton, dire ut dièse ou ré bémol indistinctement , c'est ce qu'on appelle synonime ou même chose. Sur l'orgue, le clavecin, le piano-forte, etc., la même touche fait ut dièse et ré bémol, ré dièse et mi bémol.

Leçon pour les notes d'agrément.

N° 73.

N° 74.
Leçon pour se familiariser avec le premier dièse et le premier bécarre.
N° 75.

Allegretto.
N° 76.
Allegretto.
N° 77.

Andante.
N° 78.
Leçon pour se familiariser avec le Sol Dièze accidentel.
N° 79.
Andantino.
N° 80.

Andantino.
N°
81.
Andantino.
N°
82.

Leçon pour se familiariser avec les deux premiers dièses.

N°
85.
Andante.
N°
84.
N°
85.

Allegretto.
N° 86.

La même leçon que ci-dessus mise à six-huit.

N° 89.
Andante.
Réduction de la leçon précédente au moyen de la mesure à trois-huit.
N° 90.
N° 91.
Andante.

Réduction de la leçon précédente au moyen de la mesure à trois-huit.

Leçon pour se familiariser avec le ré et le la dièses accidentels.

Leçon pour se familiariser avec les deux premiers bémols.

Allegretto.
N° 99.
tr
tr

Allegro.
Nᵒ 100.

Leçon pour se familiariser avec l'ut et le sol dièses accidentels.

N°
105.

Leçon pour se familiariser avec l'ut et le sol dièses.

Moderato.
N° 107. 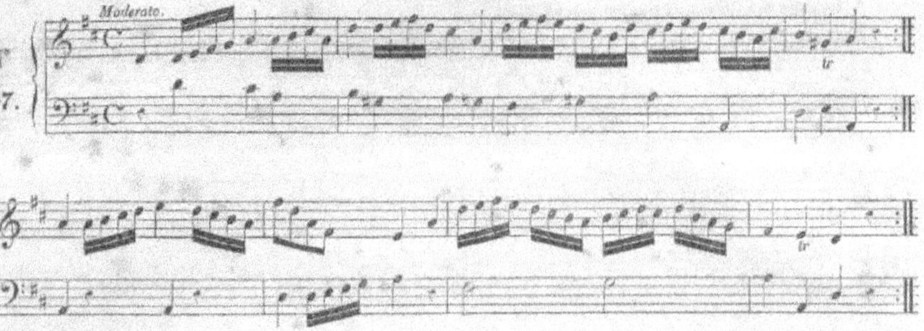
Moderato.
N° 108.

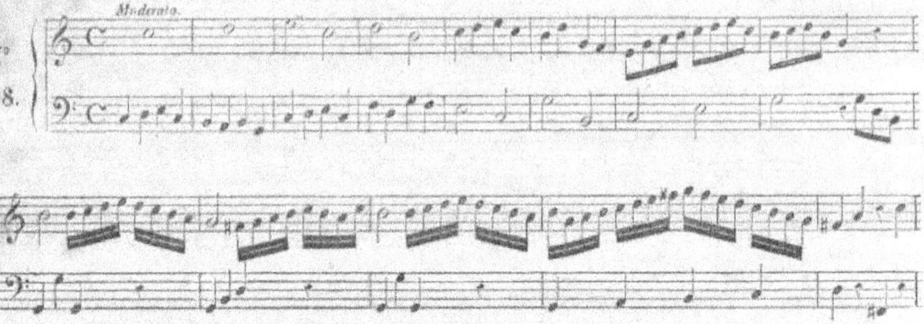

Moderato.
N° 109.

Andante.
N° 110.
Andante.
N° 111.
MARCHE.
N° 112.

Moderato.
N° 113.
Andantino.
N° 114.

Leçon pour se familiariser avec le la et le mi dièses accidentels.

N° 115.

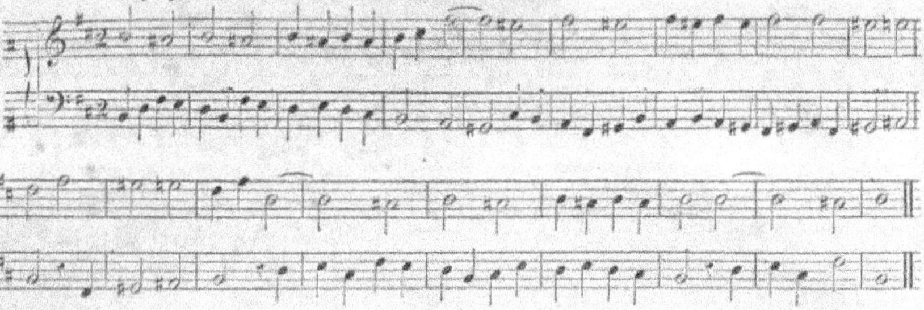

N° 116.

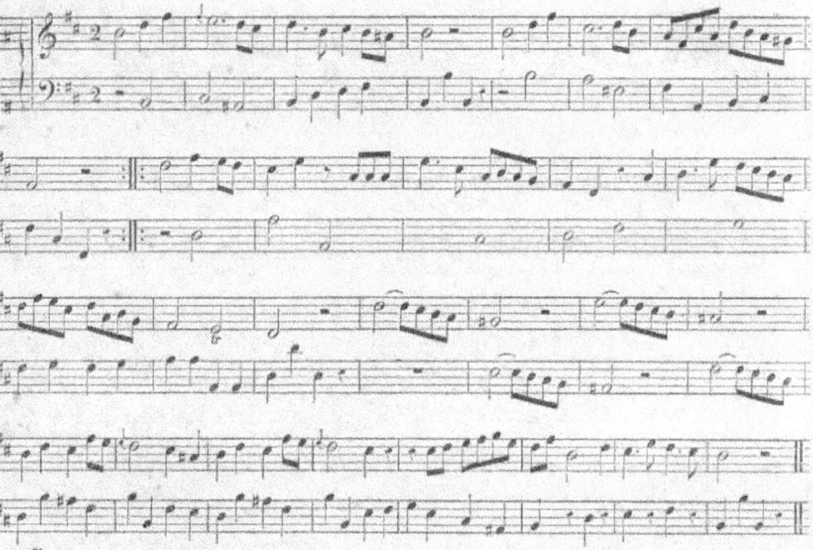

VARIATION.

N° 117.

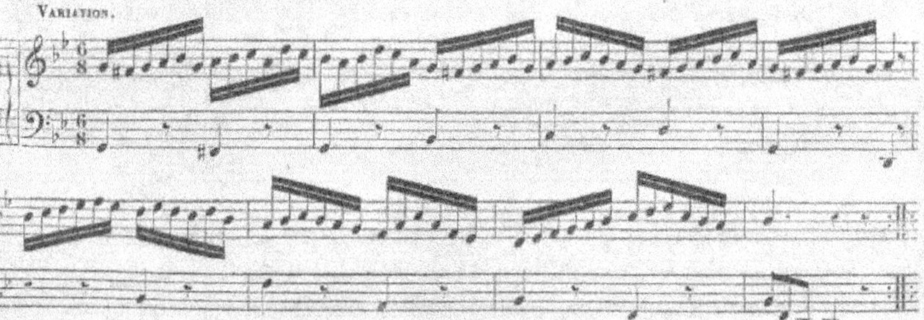

N°
118.
Leçon pour se familiariser avec le mi et le la bémols.
N°
119.

N° 120.
Andantino.
N° 121.
Moderato.
1re fois.
2e fois.
1re fois.
2e fois.
N° 122.
Andantino.

61

Allegretto moderato.
Nº 125.

Allegretto.
N° 124.

Leçon pour se familiariser avec le la et l'ut dièses accidentels.
N° 125.
Allegro moderato.
N° 126.
1re fois.
2e fois.
tr

Allegro moderato.
N° 127.

Leçon pour se familiariser avec le sol et le ré dièses.

Majeur.
Leçon pour se familiariser avec le mi et le si dièses accidentels.
N° 150.
N° 151.
Adagio.

Andantino.
N° 132.
Allegro moderato.
N° 133.

Allegro moderato.
Nº 134
Moderato.
Nº 135.

Leçon pour se familiariser avec le la et le ré bémols.

Moderato.
N°
158.

Andantino.
N° 139.
N° 140.
Adagio.

S. Allegro.
N° 141.
fin.
Leçon pour se familiariser avec le premier bécarre accidentel.
N° 142.
Allegro moderato
N° 143.

Leçon pour se familiariser avec le ré et le la dièses.

Adagio.
N°
446.

Andante.
N° 147.

N°
148.

Leçon pour se familiariser avec le dièse accidentel et le double dièse.

Andantino.
N° 3.
151.

Allegro moderato.
N.º
152.

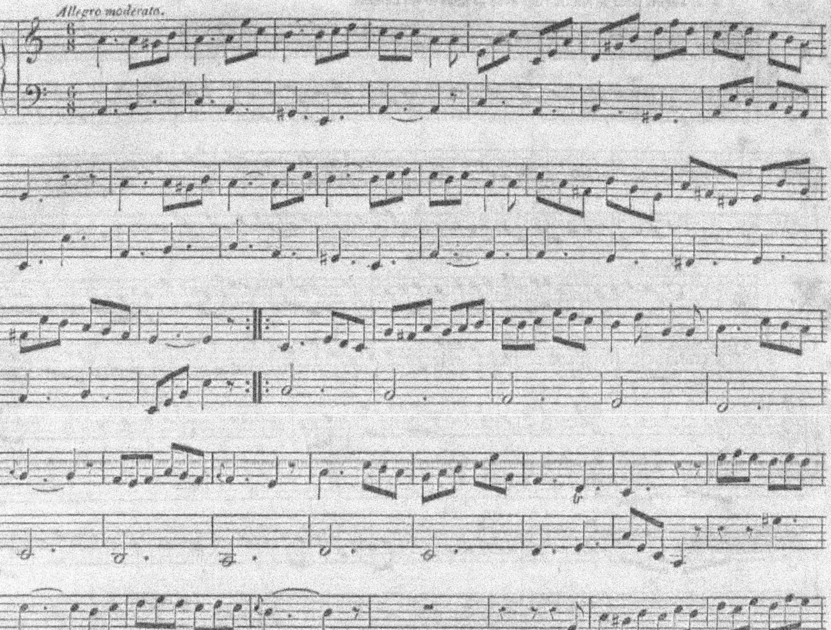

Leçon pour se familiariser avec le ré et le sol bémol.

N° 153.

N° 154.

N° 155.

Andantino.
N.º 105.

N°
157.

Leçon pour se familiariser avec le qi et le si bécarre accidentals.
Nº
158.

Allegro moderato.
N°
159.

Andante.
N.º
160.

Leçon pour se familiariser avec le la et le mi dièses.

N° 164.

Moderato.

N° 165.

Andante.

Suivez.
Suivez.
Suivez.
Suivez.
Suivez.

Suivez.
Suivez.
Suivez.
Suivez.
Suivez.
Suivez.

N°
166.
Affetuoso.

Leçon pour se familiariser avec le fa et l'ut doubles-dièses.

99

Leçon pour se familiariser avec le sol et l'ut bémols.

Allegro moderato.
No 1712

Leçon pour se familiariser avec le la et le mi bécarres accidentels.

Moderato.
N 174.

Leçon pour se familiariser avec le mi et le fa dièses.
N° 175.
Allegro.
N° 176.

Leçon pour se familiariser avec l'ut et le sol doubles-dièses.

N° 177.

N° 178. *Allegro Moderato.*

Leçon pour se familiariser avec l'ut et le fa bémols.

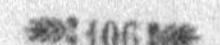

N°
179.

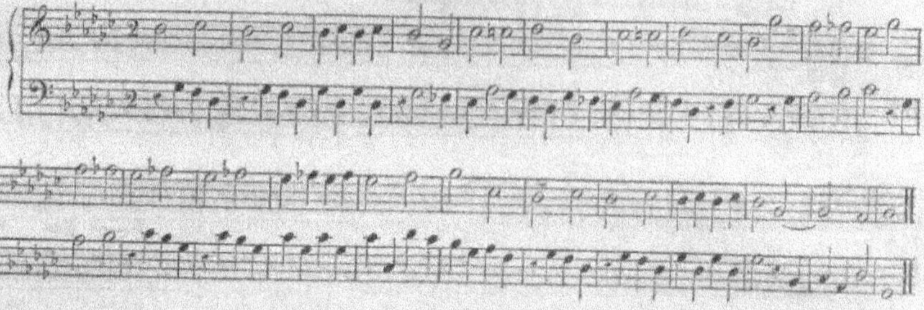

N°
180.

Leçon pour se familiariser avec le ré et le la bécarres accidentels.

N°
181.

N°
182.

Moderato.
N.° 185.

Allegro moderato.
N° 184.

Moderato.
N° 185.

117

112
Allegro moderato
N
186
Allegro moderato

Allegro moderato.
Nᵒ 487.

115

N°
188.

Échelle diatonique pour apprendre à connaître les notes de la clef d'Ut sur la première ligne.
N° 189.
Ut   Ré   Mi   Fa   Sol   La   Si   Ut   Ré   Mi   Fa   Sol   La.
Échelle disjointe pour distinguer facilement les notes sur les lignes.
Ut   Mi   Sol   Si   Ré   Fa   La.
Échelle disjointe pour distinguer facilement les notes sur les espaces.
Ré   Fa   La   Ut   Mi   Sol.
N° 190.
fin.
N° 191.
Moderato.

Andante.
N.º 192.
N.º 193.
Mineur.
Allegretto.
N.º 194.
fin
tr

Moderato.
N° 195.
Affettuoso.
N° 196.

16

Allegretto.
N° 198.
fin.
N° 199.
D.C. au majeur la 2ᵉ fois.
fin.
Allegretto.
N° 200.

Moderato.
N° 201.

N° 202.
Ut Ré Mi Fa Sol La Si Ut Ré Mi Fa Sol La Si Ut.
Ré Fa La Ut Mi Sol Si. Ut Mi Sol Si Ré Fa La Ut.
Leçon pour apprendre à nommer les notes.
N° 203.
N° 204.
Andante.

125
Andantino.
N°
205.
Andantino.
N°
206.
tr

Allegro moderato.
N° 207.
Andante.
N° 208.
1.° fois.
2.° fois.

Larghetto.
N° 209.
Allegro moderato.
N° 210.

N.º 211.
Ut Ré Mi Fa Sol La Si Ut Ré Mi Fa Sol.
Ré Fa La Ut Mi Sol.
Ut Mi Sol Si Ré Fa.
N.º 212.
Allegretto.
fin.
N.º 213.
Andantino.
N.º 214.

Gravioso.
N° 215.
Moderato.
N° 216.

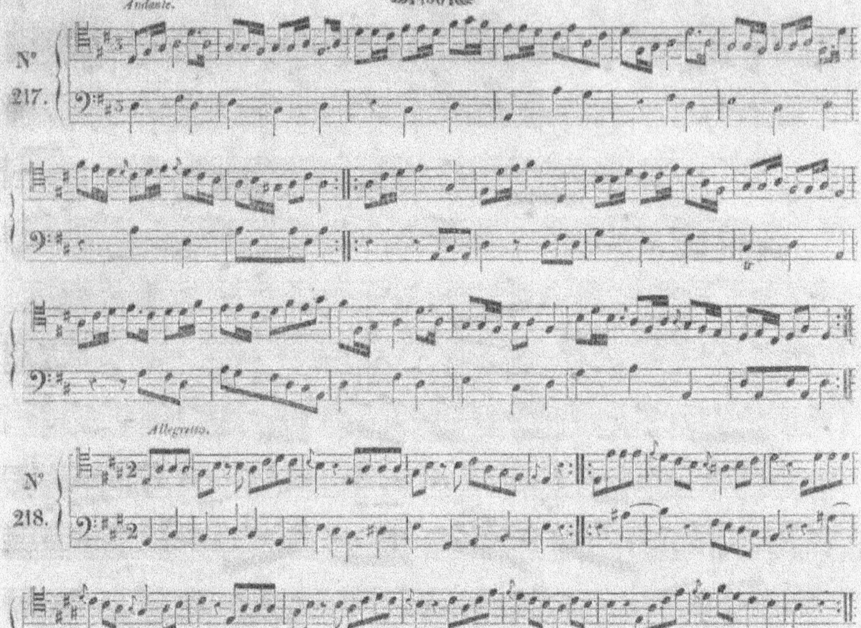

Andante.
N° 217.
Allegretto.
N° 218.
Andante.
N° 219.
fin.

Allegro moderato.
N°
220

N° 221.
Sol La Si Ut Ré Mi Fa Sol La Si Ut Ré Mi Fa Sol.
Sol Si Ré Fa La Ut Mi Sol.
La Ut Mi Sol Si Ré Fa.
Leçon pour apprendre à nommer les notes dans les sons graves.
N° 222.
Leçon pour l'étendue de la voix.
N° 223.
Andante.
N° 224.

N.° 225.

N.° 226.

Allegretto.

Allegro.
N° 227.
Moderato.
N° 228.

Allegro Moderato.
N° 229.

9 782329 219301